Coleção Segredos da Mente Milionária

A CHAVE DO AUTOCONTROLE

WILLIAM GEORGE JORDAN

Coleção Segredos da Mente Milionária

A CHAVE DO AUTOCONTROLE

Tradução
Cecília Padovani

Principis

Esta é uma publicação Principis, selo exclusivo da Ciranda Cultural
© 2021 Ciranda Cultural Editora e Distribuidora Ltda.

Traduzido do original em inglês
Kingship of self-control

Texto
William George Jordan

Tradução
Cecília Padovani

Preparação
Nair Hitomi Kayo

Produção editorial
Ciranda Cultural

Diagramação
Linea Editora

Revisão
Edna Adorno

Design de capa
Ana Dobón

Dados Internacionais de Catalogação na Publicação (CIP) de acordo com ISBD

J82c   Jordan, William George

A chave do autocontrole / William George Jordan ; traduzido por Cecilia Padovani. - Jandira, SP : Principis, 2021.
96 p. ; 15,5cm x 22,6cm. - (Segredos da mente milionária)

Tradução de: Kingship of self-control
ISBN: 978-65-5552-526-7

1. Autoconhecimento. 2. Autocontrole. 3. Literatura americana. I. Padovani, Cecilia. II. Título. III. Série.

CDD 158.1
CDU 159.947

2021-1970

Elaborado por Vagner Rodolfo da Silva - CRB-8/9410

Índice para catálogo sistemático:
1. Autoconhecimento 158.1
2. Autoconhecimento 159.947

1ª edição em 2021
www.cirandacultural.com.br
Todos os direitos reservados.
Nenhuma parte desta publicação pode ser reproduzida, arquivada em sistema de busca ou transmitida por qualquer meio, seja ele eletrônico, fotocópia, gravação ou outros, sem prévia autorização do detentor dos direitos, e não pode circular encadernada ou encapada de maneira distinta daquela em que foi publicada, ou sem que as mesmas condições sejam impostas aos compradores subsequentes.

SUMÁRIO

A chave do autocontrole 7

Os crimes da língua 17

A burocracia do dever 25

A suprema caridade do mundo 35

Preocupação, a grande doença americana 45

A grandeza da simplicidade 53

Viver a vida novamente 63

A compreensão de nossas mágoas 71

As revelações do poder de reserva 81

Bibliografia 91

Excerto da obra 95

A CHAVE DO AUTOCONTROLE

O homem tem dois criadores: Deus e ele mesmo. O primeiro lhe concede a matéria-prima da vida e as leis que a regem, para que possa fazer desse presente o que melhor lhe convier. O outro tem poderes maravilhosos dos quais raramente se apercebe. O que realmente vale é aquilo que o indivíduo consegue fazer de si mesmo.

Se alguém falha na vida, costuma dizer: "Foi Deus quem quis assim". Mas, ao alcançar o sucesso, declara com orgulho: "Fui eu quem construí minha trajetória".

O ser humano foi colocado neste mundo não como um fim, mas como uma possibilidade. Seu grande inimigo é ele mesmo. Em sua fraqueza, é vítima das circunstâncias. Mas na força é capaz de criar oportunidades. Ser vítima ou vencedor depende, na maior parte das vezes, de sua postura diante da vida.

O homem não é verdadeiramente grandioso por aquilo que é, mas pelo poderá vir a se tornar. Até estar plenamente ciente da majestade de suas possibilidades, do brilho e privilégio de viver a existência que lhe foi confiada, e pela qual é individualmente responsável, estará apenas a tatear ao longo dos anos.

Para ter uma visão clara de seus rumos, o homem precisa seguir sozinho para as montanhas dos pensamentos espirituais como fez Jesus nos jardins[1], esquecendo-se por hora do mundo para se fortalecer e conseguir depois habitá-lo harmonicamente. Precisa respirar com lentidão, sorvendo o ar fresco. Reconhecer sua importância divina como indivíduo e assim, com a mente purificada e as forças renovadas, enfrentar os problemas cotidianos.

Como elemento vital de sua religião diária, precisa menos do "Eu sou apenas pó e ao pó voltarei" em sua teologia e mais do "Sou uma grande alma com imensas possibilidades" como elemento vital de sua religião diária. Essa visão de vida estimulante descortina o reinado do autocontrole. O mesmo autocontrole visto nos fatos espetaculares da história e nos acontecimentos simples do cotidiano são precisamente iguais em tipo e qualidade, diferindo apenas em grau. Esse domínio pode ser alcançado, depende apenas da vontade. Trata-se somente de pagar o preço.

O poder do autocontrole é uma das grandes qualidades que diferenciam o homem dos animais. Pois o homem é o único ser capaz de um embate moral ou uma conquista moral.

---

[1] Provável alusão ao Getsêmani, jardim situado ao sopé do Monte das Oliveiras, em Jerusalém, atual Israel. Nos escritos bíblicos, trata-se do local onde Jesus orou na noite anterior à sua crucificação. (N.T.)

A CHAVE DO AUTOCONTROLE

Cada passo no progresso do mundo significou um novo "controle". Fugir da tirania de um fato até alcançar sua compreensão e, por fim, a superação. Por muito tempo a humanidade temeu os raios, até compreender a eletricidade, força que dominou e escravizou. Os milhares de fases das invenções elétricas são manifestações de nosso controle sobre uma temida força maior. E o mais forte de todos os controles é, sem dúvida, o autocontrole.

Durante sua vida o homem ora é rei, ora escravo. Quando se entrega a um apetite voraz, a qualquer fraqueza humana, se cai prostrado em desesperada sujeição a uma condição, ambiente ou falha, é sem dúvida escravo.

Se, dia após dia, vence a fraqueza humana, domina elementos conflitantes dentro de si e, aos poucos, recria um novo eu do pecado e da loucura de seu passado, então é rei. É um soberano que reina a si mesmo com sabedoria. Alexandre, entretanto, governou o mundo exceto... a si mesmo, Alexandre. Imperador da Terra[2], foi escravo de suas próprias paixões.

Invejamos as posses alheias e desejamos possuí-las. Muitas vezes de maneira vaga, sonhadora, sem muito ou real apego, como se cobiçássemos a coroa da rainha Vitoria[3] ou a satisfação

---

[2] Alexandre, o Grande ou Alexandre III da Macedônia (356-323 a.C.) foi rei da Macedônia — reino que se estendeu do norte da Grécia até o Egito e o Extremo Oriente, um dos mais poderosos da Antiguidade. (N.T.)

[3] Vitória foi rainha do Reino Unido e Irlanda e dos Domínios Britânicos (1819-1901). (N.T.)

do imperador William[4]. Outras vezes, entretanto, nos sentimos amarguramos em notar como as boas coisas da vida são distribuídas de maneira injusta. Nessas horas temos a sensação de desamparo e a aceitação fatalista de nossa condição.

Invejamos o sucesso de outros, quando deveríamos seguir os passos que os levaram a esse resultado tão positivo. Vemos o físico esplêndido de Sandow[5], mas nos esquecemos de que quando bebê e criança ele era tão fraco que quase foi desenganado.

Podemos invejar o poder e a força espiritual de Paulo, sem considerar a fraqueza de Saulo de Tarso[6], que se transformou graças ao autocontrole.

Fechamos os olhos para milhares de situações de sucesso – mentais, morais, físicas, financeiras ou espirituais –, mas o grande sucesso final vem de um início muito mais frágil e pobre que o nosso.

Qualquer homem pode alcançar o autocontrole se assim o desejar. Ele não deve esperar um ganho longo e contínuo, como uma pequena poupança de energia progressiva. A natureza acredita plenamente em um plano de relacionamento

---

[4] Kaiser Guilherme II, ou Wilhelm II (1859-1941), foi o último imperador alemão e rei da Prússia. (N.T.)

[5] Eugene Sandow (1867-1925) é considerado o pai da musculação e criador do fisiculturismo. (N.T.)

[6] Saulo de Tarso, ou Paulo, passou de perseguidor de cristãos a apóstolo de Jesus após ficar momentaneamente cego diante de uma intensa luz e de uma revelação de Jesus (Atos dos Apóstolos, 9:5). (N.T.)

A CHAVE DO AUTOCONTROLE

em suas relações com os indivíduos. Homem algum é tão pobre que não possa *começar* a pagar por aquilo que deseja, e cada pequeno pagamento que faz, a natureza guarda e acumula para ele como um fundo de reserva para tempos de necessidade.

A paciência que o homem pratica para superar as pequenas provações cotidianas, a natureza armazena como uma reserva maravilhosa para as crises que ele enfrentará na vida. Na natureza, a energia mental, física e moral que o homem gasta diariamente ao fazer as coisas de maneira correta é armazenada e transmutada em força. A natureza nunca aceita um pronto pagamento por nada; seria injusto para com o pobre e para com o fraco.

A natureza apenas reconhece o plano estabelecido, a parcela acordada. É vedada ao homem a possibilidade de estabelecer um hábito de maneira impensada e rompê-lo repentinamente. É questão de desenvolvimento, de crescimento. A qualquer tempo, entretanto, o homem pode se *iniciar* novo hábito ou *interromper* outro. Essa visão da evolução do caráter deve ser um estímulo para o homem que sinceramente deseja viver no limite de suas possibilidades.

O autocontrole pode ser desenvolvido da mesma forma como tonificamos um músculo: com exercícios diários persistentes. Que os façamos todos os dias, como ginástica de disciplina moral: pequenos atos que podem ser desagradáveis naquele momento, mas que serão valiosos logo adiante. Os exercícios podem ser bem simples. Deixe próximo um livro na página mais emocionante da narrativa. Ou levante da cama assim que acordar. Ande a pé, resista à tentação de usar o carro. Converse com uma pessoa que considera desagradável procurando tornar a conversa interessante. Esses exercícios diários de disciplina terão o efeito de um tônico potente sobre a natureza moral de quem os praticar.

Só terá autocontrole para enfrentar grandes coisas quem o tiver para lidar com situações mais simples. Cada um deve estudar a si mesmo e descobrir o ponto fraco em sua armadura, o elemento que o impede de alcançar o pleno sucesso. É exatamente essa característica que deve ser o ponto inicial de seu exercício de autocontrole. Se é egoísmo, vaidade, covardia, morbidez, temperamento, preguiça, preocupação, procrastinação, falta de propósito... Seja qual for a máscara que a fraqueza humana esteja usando, é necessário que seja arrancada. E uma vez vendo-se face a face com sua verdade, o homem deve viver cada um dos dias como se toda a sua existência passasse rapidamente diante de seus olhos como um filme e parasse de súbito... no dia presente. Sem arrependimentos inúteis pelo passado. Sem preocupações sem valia com o futuro. O único dia que lhe resta para afirmar tudo o que há de melhor, bem como para superar o que existe de pior em si mesmo, é hoje. É necessário dominar o elemento da fraqueza a cada pequena manifestação, passo a passo. Cada instante então pode ser uma vitória sobre o elemento indesejável. Ou, então, o passo vencedor que aquele homem dará. Será ele um rei ou um escravo? A resposta está em sua alma.

OS CRIMES
DA LÍNGUA

O canhão de dinamite[7] é a segunda arma de destruição mais letal que existe. A primeira é a língua humana. A arma mata corpos; a língua destrói reputações e, não raro, arruína pessoas. A arma funciona sozinha, mas a língua, esta tem centenas de cúmplices. A devastação de um canhão é visível quando ele entra em ação. Já todo mal causado pela língua persiste ao longo de anos e até o Olho da Providência[8] pode se cansar de acompanhar sua ação.

O mal causado pela língua decorre de palavras de indelicadeza, ódio, malícia, inveja, amargura, duras críticas, fofocas, mentiras e escândalos. Roubo e homicídio são terríveis, sem dúvida. Mas a dor e o sofrimento que causam a uma nação são ínfimos se comparados aos que provêm dos crimes da maledicência. É impactante analisar, nas escalas da justiça, os danos

---

[7] O canhão de dinamite (mais precisamente, lançador pneumático de dinamite) é peça de artilharia que usa ar comprimido para impulsionar o projétil explosivo. Foi utilizado por um breve período entre os anos 1880 e o início do século XX. (N.R.)

[8] Em inglês, "Eye of Omniscience". O Olho da Providência costuma ser interpretado como a representação da divina Providência, o olho de Deus observando a humanidade. (N.R.)

resultantes dos atos criminosos. De um lado a dor, as lágrimas e o sofrimento advindos das infrações que envolvem a respeitabilidade. De outro, o que se pensava serem os crimes mais pesados, aqueles com armas.

Nas mãos de ladrões ou assassinos poucos de nós sofremos, mesmo indiretamente. Mas da língua descuidada de um amigo ou inimigo, quem de nós está livre? Ninguém pode ter vida tão pura, tão justa, que esteja protegido da malícia, imune ao veneno da inveja. Dos ataques insidiosos contra a reputação, das insinuações odiosas, calúnias, meias verdades encobertas pela mediocridade invejosa de quem busca arruinar seus superiores e são como aqueles parasitas que matam o coração e a vida de um poderoso carvalho. Tão covarde é o método, tão furtivo o disparo dos espinhos envenenados, tão insignificantes os atos separados em sua aparência, que não se está a salvo deles. É mais fácil esquivar-se de um elefante do que de um micróbio.

Em Londres chegaram a formar uma liga antiescândalo. Seus membros prometeram combater com todos os seus esforços "o costume de falar de escândalos, cujas consequências terríveis e intermináveis normalmente não são estimadas".

O escândalo é um dos crimes da língua, mas é apenas um deles. Todo indivíduo que respira e absorve uma palavra desse escândalo é parte ativa do processo de propagação do contágio moral na sociedade. E é instantaneamente punido pela natureza por permitir que seus olhos se estreitem para a doçura e a pureza, e sua mente amorteça a luz do sol e o brilho da caridade. Desenvolve-se nessa pessoa uma engenhosa perversão da visão da mente, em que cada ato dos outros é explicado e interpretado pelos motivos mais vis possíveis. É como se ela se transformasse em uma daquelas moscas de carniça que passam levemente por canteiros de roseiras para se banquetear com um pedaço de carne pútrida. Porque aquela criatura desenvolveu um aroma apurado para a matéria suja da qual se alimenta.

Há travesseiros umedecidos de lágrimas; corações nobres em silêncio, sem um choro sequer de protesto. Corações deformados, assim como amigos de longa data que trilharam caminhos diferentes, solitários sem esperança ou lembranças. Há também desentendimentos que transformaram toda uma vida em escuridão. Esses são apenas alguns exemplos dos pesares advindos dos crimes da língua.

O homem pode conduzir a vida com honestidade e pureza, lutando bravamente por tudo o que preza, tão seguro da retidão de sua vida que jamais desconfiará da diabólica sutileza com que o mal age ao reportar maldade onde havia apenas o bem. Umas poucas palavras ditas por um caluniador, uma expressão peculiar no olhar, um dar de ombros, um leve movimento de desdém nos lábios e, então, as mãos amigas tornam-se gélidas, o costumeiro sorriso cordial transforma-se em escárnio, e fica-se com a incômoda e inexplicável sensação de não saber o que causou todo aquele desconforto, afinal.

Os jornais sensacionalistas são largamente responsáveis por esse fascínio pelo escândalo. Não são apenas uma língua, mas milhares ou milhões delas cantando a mesma toada para muitos pares de ouvidos. Abutres que sentem de longe o cheiro da carcaça da imoralidade. Das partes mais remotas, recolhem o pecado, a vergonha e a loucura da humanidade, e os mostram despidos. Nem sequer necessitam de fatos, pois lembranças mórbidas e imaginação fértil bastam para transformar até mesmo o pior dos acontecimentos mundiais em algo banal se comparado a suas invenções monstruosas. Tais histórias e as discussões que os estimulam desenvolvem nos leitores a capacidade de distorcer os fatos.

Se um homem rico faz uma doação para a caridade, dizem: "Assim age para que falem bem a seu respeito, pois isso ajudará seus negócios". Se doa anonimamente, dizem: "Milionário esperto. Sabe que, escondendo seu nome, despertará curiosidade. Certamente fará com que o público seja informado depois". Mas se não destinar nada aos pobres, sobre ele dirão: "É mesquinho, como o restante dos milionários". À língua vil dos fofoqueiros e caluniadores, a virtude é somente uma máscara, nobres ideais são fingimento e a generosidade é suborno.

O homem que está acima de seus semelhantes deve esperar ser alvo da inveja de seus companheiros. É parte do preço a ser pago por sua superioridade. Um dos mais detestáveis personagens da literatura é Iago[9]. Sentiu inveja da promoção de Cássio e, por esse motivo, passou a odiar Otelo. Tinha natureza vil. Sua preocupação era sustentar a própria dignidade

---

[9] Iago é personagem de *Otelo, o Mouro de Veneza*, peça de William Shakespeare, escrita em 1603. (N.T.)

em nome da "preservação da honra", esquecendo-se de que estava morto havia tanto tempo que nem mesmo o embalsamamento poderia preservá-lo. Iago foi destilando seu veneno dia após dia. Nutrindo ressentimento e desconfiança, estudou sua vingança em doses poderosamente insidiosas. E com a mente concentrada na escuridão de seus propósitos, levantou uma rede de evidências circunstanciais a respeito da doce e inocente Desdêmona e então a assassinou pelas mãos de Otelo. A simplicidade, a confiança e a inocência fizeram dela alvo fácil das táticas diabólicas de Iago.

Iago sobrevive no coração daqueles que primam pela sua mesquinhez desprezível, mas sem tanta esperteza. As mentiras constantes, recheadas de malícia e inveja, conseguem, muitas vezes, desgastar a nobre reputação de seus superiores.

Nossos julgamentos apressados não raro ouvem – e aceitam, sem investigar – as palavras desses Iagos modernos. "Bem, se há fumaça, há fogo", pensamos. Sim, mas pode ser apenas o fogo da malícia, a ação incendiária da tocha da inveja, lançada contra alguém e contra fatos inocentes de uma vida de superioridade.

A BUROCRACIA DO DEVER

"Dever" é a palavra mais elogiada do vocabulário da vida. A mais fria e nua anatomia da justiça. Está para a vida como uma dívida a ser paga. Já o amor vê a existência como uma conta a ser cobrada. Dever é sempre passar por avaliações. Amar é constantemente receber recompensas.

Dever é obrigação, não há como fugir dele. O amor é espontâneo, ele surge. O dever é prescrito e é formal; é parte da burocracia da vida. Significa correr dentro dos trilhos morais. É bom para um começo, mas pobre como um fim.

O rapaz que "permaneceu no convés em chamas"[10] e se suicidou em atitude de obediência foi considerado um modelo de fidelidade ao dever no século XIX. Ele foi vítima da obediência cega à burocracia do dever. Colocou toda a responsabilidade por seus atos em outra pessoa. Aguardava por instruções em um momento de emergência, quando devia ter agido por conta própria. Seu ato foi um sacrifício vazio. Uma vida humana

---
[10] Trecho do poema "Casabianca", de 1826, escrito por Felicia Hemans (1793-1835), sobre um menino que não abandonou o convés em chamas porque aguardou ordens de seu pai, que, já inconsciente, não ouviu o chamado do filho. (N.T.)

jogada fora, sem benefício a seu pai, a ele mesmo, ao navio ou à nação.

O capitão que submerge com sua embarcação após ter feito tudo que estava a seu alcance para salvar os outros, quando poderia salvar a própria vida sem desonra, é vítima de um falso senso de dever. Está se esquecendo de seus entes queridos em terra. Sua morte significa uma saída espetacular da vida, a covardia diante de uma comissão de investigação ou o sentido de dever leal, embora mal orientado, de um homem corajoso. Uma vida humana, com suas imensas possibilidades, é demasiado sagrada para ser atirada para a eternidade.

Contam-nos a respeito da "sublime nobreza" da sentinela de Pompeia[11] cujo esqueleto foi encontrado séculos depois, incrustado na lava outrora derretida que caíra sobre a cidade condenada. O soldado ainda estava em pé diante de um dos portões, em seu posto, segurando uma espada, com os dedos em ruínas, uma fidelidade mórbida a uma disciplina da qual uma grande convulsão da natureza o libertara. Um autômato teria permanecido ali durante o mesmo tempo, com a mesma ousadia e com igual inutilidade.

O homem que dedica uma hora de sua vida a um serviço consagrado de amor à humanidade está fazendo um trabalho mais elevado e verdadeiro neste mundo do que um exército de

---

[11] Pompeia foi uma cidade do Império Romano, no território do atual município de Pompeia, na Itália. No ano 79 d.C. a antiga cidade foi destruída numa grande erupção do vulcão Vesúvio. A intensa chuva de cinza resultante sepultou completamente a cidade. Ela se manteve oculta por 1.600 anos até ser reencontrada por acaso em 1748. (N.T.)

sentinelas romanas pagando tributos sem valor à burocracia do dever. Nessa interpretação do dever não há nenhum traço de simpatia para com o homem que abandona seu posto quando este é necessário. Antes disso, é um protesto contra a perda da essência do verdadeiro dever ante a adoração da mera forma.

Podem-se analisar grandes exemplos históricos de lealdade ao dever. Sempre que soarem verdadeiros você encontrará a presença de um elemento que tornará o ato quase divino: o dever, ao qual se soma o amor.

Não foi o mero senso de dever que fez Grace Darling arriscar a vida em uma terrível tempestade sessenta anos atrás, quando saiu na escuridão em um mar em fúria para salvar os sobreviventes do naufrágio do *The Forfarshire*[12]. Foi o senso de dever, aquecido e vivificado pelo amor à humanidade, a coragem heroica de um coração repleto de piedade e simpatia divinas.

O dever é um processo mecânico que praticamente impossibilita aos homens realizar coisas que o amor torna fáceis. É um entendimento equivocado do que é o amor. Não é motivo elevado o bastante para inspirar a humanidade. O dever é o corpo, o amor é a sua alma. O amor, na alquimia divina da vida, transmuta todos os deveres em privilégios, todas as responsabilidades em alegrias.

O trabalhador que larga suas ferramentas subitamente depois de doze horas de labuta, como se atingido por um raio, pode ter cumprido sua tarefa, mas não fez nada além disso. Homem

---

[12] Grace Darling era filha de um faroleiro inglês. Ficou famosa ao participar do resgate de nove sobreviventes do naufrágio do *Forfarshire* em 1838. (N.T.)

algum teve grande sucesso na vida ou se preparou bem para a imortalidade apenas cumprindo seu dever. É preciso mais. Se ele tiver amor a seu trabalho, esse "mais" fluirá com muita facilidade.

A enfermeira poderá cuidar de uma criança doente por ser esse seu dever. Mas, para o coração de uma mãe, o cuidado com o pequeno, em sua luta pela vida, jamais será uma tarefa. O manto dourado do amor faz a palavra "dever" tornar-se dissonante, como se fosse uma profanação.

"DEVER É OBRIGAÇÃO, NÃO HÁ COMO FUGIR DELE."

Se uma criança se revela má pessoa quando fica mais velha, seu pai pode dizer: "Bem, sempre fiz por ele o que era meu dever". Então não é de admirar que o rapaz tenha se saído mal. "Cumprir seu dever para com o filho" normalmente implica apenas comida, abrigo, roupa e educação. Ora, uma instituição pública poderia fazer isso. Além do "dever", o garoto precisava de doses genuínas de amor, de viver em uma atmosfera de solidariedade, aconselhamento e confiança. Os pais deviam ser sempre um refúgio infalível, uma fonte constante de inspiração, não uma simples despensa, ou hotel, ou guarda-roupa, ou escola que possa suprir tais necessidades gratuitamente. O orgulho vazio da mera obrigação parental é um dos perigos da sociedade moderna.

O cristianismo se destaca entre as religiões por ser embasada no amor, não no dever[13]. Porque sintetiza todos os deveres em uma só palavra, amor. E esse sentimento é o único grande dever que a religião cristã impõe. O que é laboriosamente imposto pela obrigação, o amor alcança em instantes, no bater de asas de uma pomba. O dever não é perdido, condenado ou destruído no cristianismo, mas dignificado, purificado e exaltado, e toda sua rigidez se torna mais leve através de um sentido maior, o amor.

O exemplo supremo de generosidade na história mundial não é a doação de milhões por alguém notável, mas a contribuição modesta de uma viúva anônima. Atrás da parábola da viúva pobre[14] está o senso de plenitude, liberdade e partilha

---

[13] No texto original, o autor afirma que o cristianismo se destaca como a única religião embasada no amor. (N.T.)

[14] A parábola da viúva pobre foi contada por Jesus no período final de seu ministério em Jerusalém. A viúva doou ao Templo duas moedas de valor insignificante, ou seja, tudo o que possuía. Sua oferenda agradou a Jesus porque ela tinha confiança na bênção de Deus. Outros doaram grandes quantias que não lhes fariam falta, mas não tinham fé, o que esvaía o valor de sua oferta. (N.T.)

de um coração repleto de compaixão, não de dever. Na Bíblia a palavra *dever* é mencionada cinco vezes; já a palavra *amor*, centenas.

Na batalha para vencer qualquer fraqueza de nossa composição mental ou moral, no restabelecimento de nossas forças, na relação mais elevada e verdadeira com nosso íntimo e com o mundo, que o *amor* seja nossa palavra de ordem, não o *dever*. Se desejamos viver uma existência de verdade e honestidade, tornar nossa palavra forte, não esperemos nos manter na estreita linha da virtude sob o chicote constante do dever. Comecemos a amar a verdade, a preencher a mente e a vida com a luz clara e precisa da sinceridade. Apreciemos a verdade fortemente para que ela se desenvolva dentro de nós, sem esforço consciente, e sempre se indignando com a mentira.

Se quisermos fazer o bem ao mundo, comecemos amando a humanidade para, assim, afinar com precisão a grande nota dominante que soa em cada mortal, apesar de tantas discórdias da vida, o grande laço natural da unidade que transforma todos os homens em irmãos. E então o ciúme, a malícia, a inveja, as palavras indelicadas e os juízos equivocados e cruéis serão eclipsados e dissipados diante dos raios de sol do amor.

O grande triunfo do século XIX não foi o incrível progresso das invenções, como os avanços na educação, as conquistas de regiões obscuras do mundo, a difusão de um modo de pensar mais elevado por toda a Terra ou o maravilhoso aumento do

A CHAVE DO AUTOCONTROLE

conforto material e da riqueza. A maior vitória do século não foi nenhuma dessas conquistas, mas sim a atmosfera de paz a cobrir as nações, a aproximação cada vez maior dos povos da Terra. A paz é apenas o sopro, o perfume, a vida de amor. O amor é o anjo da vida que lança para longe do caminho do dever todas as pedras da tristeza e do sofrimento.

A SUPREMA CARIDADE DO MUNDO

A verdadeira caridade não se resume a uma caixa de esmolas. Tampouco a benevolência de um cheque alcança todos os anseios da humanidade. Doar alimentos, roupa e dinheiro aos menos afortunados é somente o princípio, o jardim de infância da caridade legítima. Há meios mais altruístas e puros de manifestá-la. A caridade é uma forma instintiva de alcançar a justiça. Suaviza a aspereza do cotidiano, permitindo a superação dos abismos do pecado e da loucura humana. Alimento para corações famintos, é força para os batalhadores e fonte de ternura para o enfrentamento das fraquezas. Sua maior grandeza, entretanto, consiste na obediência à regra divina: "Não julgueis".

O verdadeiro símbolo da caridade são as escalas de julgamento, suspensas pela mão da justiça. Estão tão perfeitamente posicionadas que nunca repousam; não imaginam parar por um momento para pronunciar o julgamento final; cada segundo acrescenta o grão de prova a cada lado da balança. Ciente de sua própria fraqueza e fragilidade, o homem não ousa arrogar para si a prerrogativa divina de pronunciar um julgamento severo ou final sobre nenhum indivíduo. Busca treinar a mente e o coração para obter maior precisão, pureza e delicadeza em observar o equilíbrio, em que pesem os personagens – e respectiva reputação – que o rodeiam.

É lamentável que tantas palavras grandiosas acabem sendo degradadas. Ouvimos as pessoas dizerem "Gosto de estudar o caráter das pessoas, nos carros e na rua". Ora, mas não estão observando muito, são meras características superficiais. O estudo do caráter não é um quebra-cabeça que se possa resolver rapidamente. O caráter é sútil, elusivo, mutável e contraditório, uma estranha mistura de hábitos, esperanças, tendências, ideais, motivos, fraquezas, tradições e memórias, em mil fases diferentes.

Existe apenas uma qualidade necessária à perfeita compreensão do caráter; se o homem a tiver, poderá *ousar julgar*: a onisciência, ou seja, a plena sabedoria. A maioria das pessoas estuda o caráter como o revisor de provas que lê um grande poema: seus ouvidos estão surdos para a majestade e para a música dos versos, os olhos não veem a genialidade do autor. Ele está ocupado em localizar a vírgula incorreta, o espaçamento errado ou a letra tipográfica inadequada. Seu olho é treinado para as imperfeições, fraquezas. Os homens que se orgulham de sua astúcia em descobrir os pontos fracos, a vaidade, desonestidade, imoralidade, intriga e mesquinhez dos outros pensam que compreendem o caráter. Conhecem apenas parte dele, somente as profundezas nas quais alguns podem se afundar. Ignoram a altura a que poucos conseguem se elevar. Otimista é quem pode se relacionar com a humanidade durante algum tempo sem se tornar cínico.

Não podemos saber que objetivos os homens traçaram para sua vida. Podemos saber quais desses homens os atingiram.

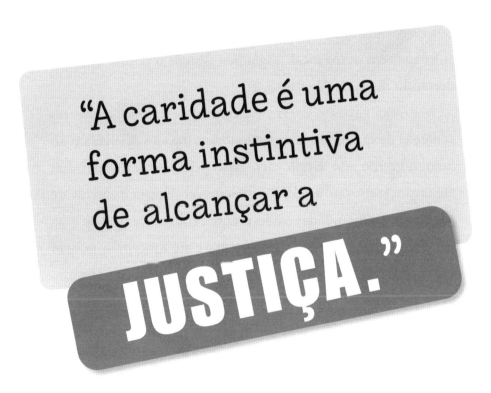

"A caridade é uma forma instintiva de alcançar a JUSTIÇA."

Nós os julgamos por seus resultados e imaginamos uma infinidade de razões que lhes terão passado pela mente. Pessoa alguma desde a criação foi capaz de viver com tamanha pureza e nobreza a ponto de ter sido poupada do juízo errado dos que a rodeiam. É impossível escapar da imagem distorcida de um espelho côncavo ou convexo.

Se dissabores sobrevêm, logo surgem os que dizem: "É punição". Mas como sabem? Estiveram espiando pela fresta da porta do Paraíso? Quando a tristeza e o fracasso nos atingem, nós os consideramos como encomendas que deviam ter sido entregues em outro local. Vigiamos demais o jardim vizinho, deixando de cuidar do nosso.

Algumas garrafas foram encontradas no mar, distantes centenas de quilômetros de onde foram jogadas. Estiveram ao sabor do vento e do tempo, carregadas pelas correntes marinhas até alcançarem um destino inimaginável. Nossas palavras de julgamento, descuidadas e irreverentes, sobre o caráter de uma pessoa, muitas vezes ditas com leveza e até inocência, podem ser carregadas por correntes desconhecidas e causar tristeza, pesar e vergonha a um inocente. Um sorriso irônico, um dar de ombros ou um silêncio especialmente longo podem arruinar em um instante a reputação que homens e mulheres demoraram anos para construir. Um único movimento de mão é capaz de destruir a delicada geometria de uma teia de aranha, e nem todas as forças do universo poderiam refazê-la.

A CHAVE DO AUTOCONTROLE

Não precisamos opinar tanto quanto pensamos que devemos. Estamos na era dos julgamentos rápidos. O hábito é intensificado pela imprensa sensacionalista. Vinte e quatro horas após um grande assassinato, é difícil encontrar alguém que não tenha opinião formada a respeito. Essas pessoas, em grande parte, aceitam a versão da mídia e, para sua própria satisfação, descobrem quem foi o assassino e o condenam, sentenciando-o. Afirmam suas decisões com toda a força e certeza de quem teve o Livro da Vida aberto e iluminado diante de si. Se existe uma situação em que a atitude do agnóstico é bela, é o julgamento de outros. Ele tem a coragem de dizer: "Eu não sei. Faltam informações. É preciso escutar os dois lados. Até lá, não emitirei nenhum juízo". Abster-se de julgar é a forma suprema de exercer a caridade. Estranho que se reconheça o direito de qualquer criminoso a um julgamento justo e aberto e que se condene sem direito a defesa amigos queridos apenas com provas circunstanciais. Confiamos na evidência de nossos sentidos, no implícito, e permitimos que isso leve como uma maré a fé poderosa que nos faz companhia por anos. Notamos que a vida se torna sombria, a esperança esmorece e as recordações antes preciosas se transformam em sensação de perda, aflição e dor. Nosso juízo apressado, passível de esclarecimento em breves momentos de explicação paciente, afastou o amigo de nossa vida. Se somos assim injustos com aqueles que nos são muito caros, como agimos com os demais? Nada sabemos acerca das provações, tristezas ou tentações enfrentadas por quem nos cerca, dos travesseiros umedecidos por lágrimas, das tragédias que podem estar escondidas atrás de um sorriso; tampouco de afeições secretas, lutas e preocupações que encurtam a vida e deixam suas marcas em cabelos prematuramente embranquecidos e em uma personalidade alterada e quase recriada em poucos dias. Costumamos dizer a quem parece calmo e sorridente: "Você deve ser muito feliz; deve possuir tudo o que deseja". Pode ser, entretanto, que naquele exato momento a pessoa esteja enfrentando sozinha uma fase de intensa tristeza, mordendo os lábios para manter os sentimentos sob controle quando a vida parece uma agonia sem fim. Então frases como aquela podem levá-la a se sentir isolada e separada do restante da humanidade, como se estivesse habitando outro planeta.

Não ousemos aumentar o fardo de outrem com nosso julgamento. Se mantivermos os lábios cerrados, poderemos controlar a mente e deixar de analisar as atitudes das outras pessoas, mesmo em pensamento. Exercitemos diariamente o autocontrole de desligar o processo de julgamento, assim como desligamos o gás. Eliminemos o orgulho, a paixão, sentimentos pessoais, preconceitos e mesquinhez de nossa mente. Assim, emoções mais elevadas e puras ganharão espaço, como o ar preenche o vácuo. A caridade não é uma fórmula, mas uma atmosfera. Cultivar a caridade no julgamento. Buscar a bondade latente nos outros em vez do mal escondido. É necessário o olhar caridoso para notar a borboleta ainda no casulo. Vamos adiante, se pretendemos alçar toda a glória de nosso privilégio, que é o da dignidade da existência verdadeira. Façamos nosso o lema da suprema caridade do mundo: "Não julgueis".

PREOCUPAÇÃO, A GRANDE DOENÇA AMERICANA

A preocupação é a forma de suicídio mais comum. Atrapalha o apetite, perturba o sono, torna a respiração irregular, altera a digestão, a disposição física, o humor; enfraquece a mente, estimula doenças e degrada a saúde corporal. É a causa real de milhares de mortes, embora outras doenças sejam apontadas como a razão oficial. A preocupação é um veneno para o cérebro, e o trabalho é o alimento mental.

Se a concentração de uma criança nos estudos a impede de dormir ou se ela se agita e murmura durante o sono, é sinal de que está preocupada. Um dos alertas da natureza, um aviso aos pais de que a educação diária precisa ser menos tensa.

Quando um homem ou uma mulher sonha com os problemas, e as horas de descanso se misturam no caleidoscópio das atividades do dia, há então, muito provavelmente, excesso de trabalho. O Criador nunca desejou que uma mente saudável sonhasse com as tarefas do dia. Nem que tivesse um sono sem sonhos.

Muitas vezes, a lembrança de um pesar, um medo, uma tristeza, posta-se entre o olho e a página impressa. A voz interior dessa memória eloquente e irritante ergue-se tão potente que cala as demais vozes, colocando o indivíduo em perigo. Todo dia, a cada hora e momento há a mesma dor monótona, insistente e entorpecida de algo que se faz sentir através, acima e abaixo de todos os outros pensamentos, e então surge a constatação de que se está, de fato, mergulhado em angústia. Neste caso, só há uma coisa a ser feita. Deter o rumo da tormenta. Destruí-la.

Os homens inteligentes deste século fizeram descobertas incríveis ao estudar a natureza. Viram que tudo o que foi criado tem sua utilidade. Assim, ensinarão a não matar mosquitos com papel coberto com cola e açúcar, porque eles são os necrófagos da natureza. Informarão as tarefas e responsabilidades de todos os seres microscópicos, dando-lhes nomes com seu entusiasmo científico até persuadi-los a acreditar que até mesmo um inseto serve a um propósito na natureza. E, ainda assim, nem mesmo o mais sábio desses homens conseguirá dar uma boa justificativa para a preocupação.

A PREOCUPAÇÃO
É A FORMA MAIS COMUM DE SUICÍDIO

Preocupação é antecipação que frutifica. Antecipa possíveis dores, trazendo tristeza para o presente. É a mãe da insônia, a traição que enfraquece os objetivos. Sob o disfarce de nos ajudar a enfrentar o presente e estarmos preparados para o futuro, multiplica os inimigos que sugam a energia da mente.

A preocupação é o domínio da mente por uma ideia única de insatisfação, descaso, medo. A força e a energia mental que deviam se concentrar em atividades produtivas ao longo do dia são de modo obtuso abstraídas e absorvidas por essa ideia fixa. A riqueza e plenitude do trabalho *inconsciente*, responsável pelo nosso maior sucesso porque produz o resultado mais refinado, é desperdiçada na leviandade da angústia.

A preocupação não deve ser confundida com ansiedade, embora se pareçam em significado, um "sufocamento" ou um "estrangulamento", referindo-se, claro, ao efeito sobre a atividade mental. A ansiedade enfrenta grandes questões da vida com seriedade, calma e dignidade. Sugere sempre uma possibilidade esperançosa; é ativa na concepção de medidas que gerem resultados. A preocupação não é uma grande tristeza individual, mas uma combinação de pequenos, vagos, insignificantes e impacientes medos que se tornam importantes apenas por sua combinação, constância – seu conjunto.

Quando chega a Morte e alguém que amamos se vai, e o silêncio, a perda e o vazio de todas as coisas nos fazem encarar o futuro de olhos abertos, entregamo-nos, durante algum tempo, à agonia do isolamento. Esta não é uma preocupação mesquinha que temos de eliminar antes que nos mate. Antes disso, é a terrível, mas majestosa tristeza que misericordiosamente nos abençoa, embora possa mais tarde se transformar, no misterioso trabalho da onipotência, em novo batismo e regeneração. O que condeno aqui é o *hábito* de continuamente se preocupar, a repetição de pesares que sombreiam a luz da felicidade.

Quem quiser se curar da preocupação exagerada terá de fazer as vezes de seu próprio médico e dar ao caso um tratamento heroico. Deve se convencer, de maneira consciente e profunda, da inutilidade de se perturbar dessa maneira. E entender que tal atitude não é comum ou normal ou mera questão teórica. Precisa compreender que se lhe fosse possível gastar toda a eternidade em preocupações, isso não seria capaz de mudar nenhum fato real. O momento é de ter atitude. Mudar o futuro. Pensamentos negativos paralisam as ações. Experimente criar uma sequência de números. Nenhuma preocupação pode alterar sua soma. Esse resultado está envolto na inevitabilidade da matemática. Só poderá ser diferente se houver uma ação que mude os números.

A única vez que nenhum homem pode se dar ao luxo da preocupação é justamente quando ele mais se desgasta com ela. Em seu momento mais crítico, ou mais desafiador, esse homem precisa de cem por cento de sua energia mental para fazer planos rapidamente, tomar a decisão mais sábia, manter um olho no céu e o outro no rumo, e as mãos firmes no leme até vencer a tempestade em segurança.

Há dois motivos para a pessoa não se preocupar, e ambos devem funcionar em todos os casos. Primeiro, porque *não pode* evitar os resultados que teme. Segundo, porque *pode* evitá-los. Se não houver meios de evitar o golpe, é necessário ter concentração mental perfeita para enfrentá-lo com coragem. Assim, conseguirá amortizar seu impacto e aproveitará o máximo dos destroços, que o ajudarão a planejar novo futuro.Agora, se ela consegue antecipar o mal temido, então não há razões para ela ficar perturbada, pois isso apenas dissiparia sua energia preciosa.

Se a pessoa, em seu dia a dia, faz o melhor que está a seu alcance, deve ficar tranquila. A agonia não a ajudaria em absolutamente nada. Nem anjo nem mortal poderiam fazer nada melhor que ela. Olhemos para nossa vida passada e vejamos que, em meio a tantos eventos maravilhosos, as cidades onde vivemos nossa maior alegria e sucesso foram edificadas ao longo dos rios das nossas mágoas mais profundas, dos fracassos mais pungentes. Somente assim notaremos que a felicidade que experimentamos atualmente seria impossível não fossem as aflições ou perdas terríveis do passado – forças potentes para a evolução de nosso caráter ou de nossa sorte. Esse deve ser um grande estímulo para enfrentar os desafios e pesares da vida.

Curar-se das preocupações é difícil, laborioso. Elas não se resolvem com filosofia barata nem com duas ou três aplicações de um remédio qualquer. Requer senso comum límpido, claro e único aplicado à vida. Homem algum tem o direito de desperdiçar as energias, enfraquecendo as próprias forças e influências quando suas obrigações para com a família, mundo e sociedade são inalienáveis.

A GRANDEZA DA SIMPLICIDADE

Simplicidade é a eliminação do que não é essencial em todas as coisas. Reduz a vida ao mínimo necessário e a eleva a seu máximo. Significa a sobrevivência não do mais apto, mas do melhor. Mata as ervas daninhas do vício e da fraqueza para que as flores da virtude e da força possam ter espaço para crescer. Corta o desperdício e intensifica o que importa. Transforma tochas tremeluzentes em holofotes.

Todas as grandes verdades são simples. A essência do cristianismo pode ser descrita em poucas palavras. Toda uma vida poderia ser traçada na busca por transformar tais dizeres em realidade, na forma de pensamentos e palavras. O verdadeiro cristão é mais simples do que o credo de sua igreja, e sobre esses elementos vitais construiu sua vida. As críticas mais acerbas não o atingem. Não se importa se a baleia engoliu Jonas ou se Jonas engoliu a baleia[15]. A interpretação de palavras e frases é

---

[15] Jonas, na Bíblia hebraica, é um profeta do norte do reino de Israel que viveu por volta do século VIII a.C. (N.T.)

dissipação intelectual para a qual ele não tem tempo. Não se preocupa com a anatomia da religião, mas com sua própria alma. A fé simples é vivenciada em pensamentos, palavras e atos, dia após dia. Como a cotovia, vive perto do chão. Como ela, voa mais alto para o céu.

O ministro da fé cujos sermões são compostos meramente de floreios de retórica, lugares-comuns e frases de efeito é, conscientemente ou não, apenas um ator. Seu aparato pomposo jamais ajudou uma alma humana em força ou inspiração. Se a mente e o coração do pregador estivessem realmente encantados pela grandeza e simplicidade da religião, ele estaria, toda semana, pondo em prática as verdades reverberantes de sua fé para sanar os problemas vitais cotidianos. O teste de força de um simples sermão não está no som do louvor dominical dos fiéis, mas na mudança para melhor neles operada durante a semana. Os que rezam de joelhos aos domingos, mas saqueiam seus vizinhos na segunda-feira, precisam rever sua fé.

O caráter verdadeiro é simples e vive em harmonia com a própria consciência e ideais. A simplicidade é a luz branca e pura da vida autêntica. O equilíbrio é destruído por qualquer tentativa de adequação à opinião pública. Esta é como uma consciência pertencente a um sindicato do qual o indivíduo é apenas um acionista, embora de fato tenha ciência de que é seu único proprietário. Ajustar a vida aos próprios ideais é o caminho real da simplicidade. A afetação é a confissão de

A CHAVE DO AUTOCONTROLE

inferioridade; é a proclamação desnecessária de que não se está a viver a vida que se pretende.

O comedimento é um desprezo repousante ao que não é essencial à vida. A fome incansável pelo não essencial que é a causa do descontentamento do mundo. O constante esforço por superar os outros é o que mata a simplicidade e a felicidade.

A natureza, em toda sua magnitude, busca ensinar à humanidade a grandeza da simplicidade. A saúde está em ter uma vida em harmonia com poucas leis claras e definidas. Comida simples, exercícios, cuidados essenciais funcionarão maravilhosamente bem. Mas o homem se cansa da simplicidade, cede às tentações da comida e da bebida ouvindo seu paladar em vez da natureza e... sofre. É então levado a conhecer intimamente a indigestão e senta-se como uma criança à própria mesa, forçado a limitar a alimentação à comida básica que desprezava.

Encontramos uma força reconfortante em momentos como esse, quando escapamos do mundo e da sociedade e retornamos às tarefas simples e interessantes que tínhamos deixado de lado e até esquecido. Nosso mundo encolhe, porém se torna mais querido e melhor. Coisas simples ganham novo encanto, e repentinamente percebemos que renunciamos a tudo de bom e grandioso em nossa busca de algum fantasma.

A simplicidade é difícil de ser simulada. A assinatura mais difícil de imitar é a mais simples, única e livre de floreios. A nota bancária mais resistente à falsificação é a com menos traços e detalhes intrincados. Tão básica que qualquer falha ficará instantaneamente aparente. Assim é com a mente e com a moral.

A simplicidade em atos é a expressão externa dos pensamentos. Homens que carregam nos ombros o destino de uma nação são silenciosos, modestos, despretensiosos. Frequentemente gentis, calmos e disciplinados, cientes de sua responsabilidade. Não há espaço em sua mente para a mesquinhez da vaidade pessoal. É sempre o major que fica pomposo quando pensa que o mundo inteiro o observa enquanto marcha à frente do desfile militar. O grande general, curvado com as honras de muitas campanhas, é sem afetação como uma criança.

O recém-graduado assume os ares de alguém a quem é atribuída a sabedoria dos tempos, enquanto o grande homem da ciência, o Colombo de algum grande continente, é humilde.

"O SEGREDO DA GRANDEZA...

Longos termos derivados do latim parecem necessários para expressar os pensamentos de jovens escritores. Os grandes mestres da literatura mundial podem levar a humanidade às lágrimas, dar luz e vida a milhares na escuridão ou açoitar uma nação por sua loucura... e tudo isso com palavras tão simples que chegam a ser consideradas comuns. Mas, transfiguradas pela divindade dos gênios, parecem quase milagrosas.

A vida torna-se incrivelmente bela quando a olhamos com simplicidade, quando deixamos de lado os cuidados, pesares, preocupações e fracassos triviais e dizemos: "Isso não importa. Porque não são as coisas reais da vida, mas apenas interrupções. Há algo em mim, minha individualidade, que torna todos esses problemas triviais demais para que eu permita que me dominem". A simplicidade é um solo mental onde o artifício, a mentira, o engano, a traição, o egoísmo e a baixa ambição não podem crescer.

...ESTÁ NA SIMPLICIDADE."

William George Jordan

SIMPLIFICAR

O homem cujo caráter é simples vê a verdade e a honestidade com tanta clareza que nem tem consciência da intriga e da corrupção que o rodeiam. É surdo aos palpites e sussurros que uma natureza desconfiada perceberia mesmo antes de existirem de fato. Ele despreza enfrentar a intriga com intriga, manter o poder por meio de suborno, pagar menos tributo do que o devido. Para a verdadeira simplicidade, perceber a verdade é começar a vivê-la como uma tarefa. Nada grande pode entrar na consciência de um ser correto e ficar somente na teoria. A simplicidade de caráter é como agulha de bússola: conhece apenas um ponto, o norte, seu ideal.

Cultivemos essa simplicidade em todas as coisas de nossa vida. O primeiro passo em direção à simplicidade é *simplificar*. O início do progresso ou reforma mental ou moral é sempre uma renúncia ou sacrifício. É a rejeição, entrega ou destruição de fases ou hábitos que nos afastam de atitudes mais superiores. Refaça sua dieta, simplifique-a. Torne seu discurso mais verdadeiro, elevado, e o simplificará. Reforme suas atitudes morais. O segredo da grandeza está na simplicidade. Faça da simplicidade o ponto-chave de sua vida e você será grandioso, não importa quão humilde seja sua vida e quão pequena pareça ser sua influência. Hábitos simples, boas maneiras, necessidades básicas, palavras necessárias, fé límpida. Tudo isso são manifestações de mente e coração simples. Simplicidade nunca será associada a fraqueza e ignorância. Significa reduzir toneladas de minério a pepitas de ouro. À luz do pleno conhecimento o indivíduo viu a loucura e o vazio naquilo que as pessoas tanto valorizam. Viveu e experimentou o que os outros estão cegamente procurando e agora compreende. A simplicidade é o sol de uma vida centrada e pura, o segredo da grandeza na vida do homem.

VIVER A VIDA NOVAMENTE

Em meio à tempestade, há alguns anos, um navio ficou à deriva até parar numa baía desconhecida. O suprimento de água tinha acabado e a tripulação passou a sofrer com a sede, embora não ousasse beber a água salgada sobre a qual a embarcação flutuava. Já no limiar de suas forças, as pessoas se deram por vencidas, foram até a extremidade do barco e baixaram um balde, alçando com desespero o líquido que julgavam ser marinho. Mas para sua alegria e espanto, a água era fresca e boa para beber. Estavam em um braço de mar, de água doce, e não sabiam. Durante todo o tempo o único esforço necessário para resolver sua agonia teria sido estender os braços para aceitar a vida nova por que tanto rezavam.

Hoje em dia, o homem, com seu coração repleto de pesar, pecado e fracassos de sua vida passada, sente que melhoraria se tivesse nova chance, se pudesse reviver, recomeçar com seu conhecimento e experiência atuais. Ele olha para trás, lembra-se com arrependimento dos anos dourados da juventude, lamentos entristecidos pelas oportunidades desperdiçadas.

Então volta esperançosamente o pensamento para o porvir. Contempla o caminho, sedento de novas experiências porque agora está em boas condições para tanto. Em sua cegueira e desconhecimento não percebe, como os marinheiros levados pela tormenta, que a nova vida já está em torno dele. A única atitude necessária é estender as mãos e pegá-la. Cada dia é uma nova vida, o alvorecer é um nascimento para o indivíduo e para o mundo. Uma manhã, o começo de uma jornada, é a grande chance de colocar novos e mais elevados usos aos resultados de sua existência passada.

Aquele que olha para trás e diz "Não me arrependo de nada" viveu em vão. A vida sem arrependimentos não teve ganhos. O arrependimento é apenas a luz da mais plena sabedoria que, graças ao nosso passado, ilumina nosso futuro. Significa que somos mais inteligentes hoje do que ontem. Essa nova sabedoria traz novas responsabilidades, novos privilégios, a chance de uma vida melhor. Mas se o arrependimento permanece apenas como tal é inútil, porque não traz a revelação de novas possibilidades nem se torna inspiração e fonte de força para elas. Nem mesmo a onipotência poderia mudar o passado, mas cada um, em uma escala que transcende seu conhecimento, tem seu futuro nas mãos.

Se o homem fosse sincero em suas aspirações obteria mais ajuda nos fracassos. Se se apercebesse das preciosas oportunidades desperdiçadas, não gastaria um minuto mais em arrependimentos inúteis. Buscaria, sim, esquecer essa insensatez e manteria diante de si somente as boas lições que a experiência lhe trouxe. A extravagância de outrora apenas o levaria a aproveitar ao máximo os momentos presentes. Ao permitir que sua vida seja obscurecida pelas recordações de um erro cruel que infligiu a outrem, está somente cometendo outro erro. A impossibilidade de repará-lo diretamente pode ser revertida em ações para o mundo. Uma alternativa é deixar que seu arrependimento se manifeste em palavras de gentileza e simpatia, atos de doçura e amor a todos que encontrar. Caso se arrependa de uma guerra particular que travou contra uma pessoa, que coloque o mundo inteiro em sua intenção de paz. Se cometeu um erro, a única maneira de mostrar arrependimento é não repeti-lo. Josh Billings[16] certa vez disse: "O homem que é mordido duas vezes pelo mesmo cão está mais bem adaptado do que qualquer outro".

Há pessoas que têm muito orgulho de seu passado. Parecem-se com aquelas que dizem que *já viram dias melhores*. O que foram não lhes mostra o caráter, mas sim o que foram modo progressivo. A tentativa de obter um registro presente de um passado distante é como a pessoa medíocre que tenta viver de sua ascendência. Procuramos os frutos nos ramos da árvore genealógica, não nas raízes. É bastante comum a alegação de que a origem da degeneração de determinada família foi a má conduta de um antepassado nobre de várias gerações passadas.

---

[16] Josh Billings, pseudônimo de Henry Wheeler Shaw, humorista americano (1818-1885). (N.T.)

Que se pense menos nos ancestrais e mais naqueles que preparamos para a posteridade – menos nas virtudes passadas e mais nas futuras.

Quando alguém implora por uma oportunidade, sempre fica um apelo implícito de inexperiência, de falta de conhecimento. Isso é indigno, até mesmo para um covarde. Conhecemos as regras para ter boa saúde, apesar de as ignorarmos e negarmos diariamente. Sabemos qual é a comida apropriada para nós, individualmente, embora queiramos agradar nossos apetites desafiando a natureza com extravagâncias alimentares. Temos ciência também de que sucesso é questão do cumprimento de leis simples e claramente definidas, do desenvolvimento de energia e de concentração mental essencial e incansável, do pagamento constante do preço. Sabemos de tudo isso e mesmo assim não vivemos à altura dos nossos conhecimentos. Voluntariamente nos eclipsamos e culpamos o destino.

Muitos, pais aconselham seus filhos sem dar o devido exemplo, na tola presunção de que acreditarão no que ouvem, não no que mostram seus próprios olhos. Por exemplo, passam anos ensinando-os diligentemente a ser honestos e verdadeiros, mas mentem a idade deles ao condutor do trem com o objetivo de pagar menos pela passagem. Essa pode ser uma viagem muito cara para a criança... e para os pais – e todo o ensinamento cai por terra. Pode ser parte do espírito da época acreditar que não é pecado enganar uma empresa, mas é insensato dar à criança um exemplo tão marcante em uma idade em que ela não consegue detectar o sofisma.

O homem frequentemente implora por uma chance de viver mais uma vez, pois obteve sabedoria e experiência. Se estiver realmente levando a sério a nova fase, poderá experimentar algo novo e recompensador a cada dia. Deixará o passado em seu devido lugar, para os milhares de dias que se foram com todos os seus erros, pecados, pesares, tristezas e loucuras. E então recomeçará revigorado. Deixe-o fechar o livro da vida antiga, atingir o equilíbrio, creditar-se de toda a sabedoria que obteve dos fracassos e fraquezas, recarregando as energias com as novas responsabilidades e tarefas que virão com seu novo capital de sabedoria. Criticará menos os outros e mais a si mesmo para, finalmente, mergulhar com coragem em sua proposta de viver a vida novamente.

O mundo precisa de mais vida cotidiana, mais atenção ao presente, começando toda manhã com ideias frescas e claras para o dia, buscando viver o momento presente e os sucessivos como se fossem todo o tempo e toda a eternidade. Essa atitude não é nenhuma forma de desrespeito pelo futuro, pois cada dia está em harmonia com esse plano, como o capitão que dia após dia conduz a embarcação ao porto de destino sem se desviar da rota. Essa visão de mundo mata o arrependimento mórbido pelo passado, bem como as agonias quanto ao futuro. A maioria das pessoas quer fatias grandes e garantidas de vida; não ficaria satisfeita com o maná fresco cotidiano, como foi dado às crianças de Israel; quer diariamente cestos enormes cheios de pães e cereais.

A vida vale a pena se for bem vivida. O homem não é dono de sua vida, mas pode fazer dela o que quiser. Deve finalmente entregá-la um dia, com uma contabilidade bem realizada. Em toda passagem para o novo ano é comum serem feitas novas resoluções, mas na verdadeira vida cada dia é o início de um ano. Uma simples data no calendário da eternidade não é mais que uma divisória no tempo, um grão de areia no deserto.

Que não tomemos resoluções heroicas muito além de nossas forças, ou elas se tornarão recordação morta em apenas uma semana. Prometamos a nós mesmos que a cada dia haverá o início de uma vida nova, mais verdadeira e mais feliz para nós, para aqueles que nos rodeiam e para o mundo.

A
COMPREENSÃO
DE NOSSAS
MÁGOAS

O homem mais egoísta do mundo é também o mais altruísta... ainda que para com as próprias tristezas. Ele não deixa de lhe contar uma única lamentação, nem o poupa de nada; ao contrário, tudo isso é feito sem cerimônia. O mundo se torna um sindicato encarregado de seus interesses, preocupações e desafios. Seu erro é formar uma associação: seria melhor ter organizado uma empresa, controlá-la, assim poderia impedir que as pessoas fugissem quando falasse dos problemas que o atormentam.

A vida é questão importante e séria para o indivíduo. Todas as grandes alegrias e as mais profundas tristezas acometem a cada um de nós *solitariamente*. Temos de ir ao nosso Getsêmani... sozinhos. Temos de batalhar com nossas fraquezas internas... sozinhos. Temos de viver nossa vida... sozinhos. Vamos morrer... eis uma experiência solitária. Devemos *pessoalmente* aceitar a responsabilidade por nossa existência. Se cada um de nós tem esse grande problema para resolver por conta própria, se temos responsabilidades, fracassos, dúvidas, medos, lutos, certamente somos covardes quando delegamos nossos problemas aos outros. Devemos procurar uma maneira de transformar o ambiente que nos rodeia em um espaço mais agradável, apoiar os outros em seus momentos de provação dando como exemplo nossa coragem ao suportar as tristezas.

Tentemos nos esquecer das perdas, lembrando-nos somente da sabedoria que nos proporcionaram, pensando menos nos lamentos ao contabilizar as alegrias e privilégios com que fomos agraciados. Deixemos de lado preocupações e arrependimentos e encaremos cada novo dia com toda a coragem possível, mas cientes de não termos o direito de despejar nossas dores e tristezas nas pessoas.

Muitas conversas giram em torno de autobiografias. São monólogos ininterruptos, não conversas verdadeiras. As pessoas investigam sua vida com microscópio e depois mostram sua percepção ampliada e estereotipada das próprias misérias ao público, como se discursassem sobre os micróbios contidos numa gota d'água. Em sua autobiografia esses homens contam que não pregaram o olho a noite toda, ouvindo o relógio bater a cada quinze minutos. E ainda comentam não haver nenhuma causa aparente para o surto de insônia. É preciso um talento peculiar, embora este costume seja comum a pessoas de hábitos bem despertas.

Pergunte a qualquer pessoa como está se sentindo, e ela lhe traçará toda a genealogia de sua condição presente desde o momento em que teve gripe há quatro anos. Você esperava apenas uma palavra, mas recebeu um tratado. Fez uma pergunta; responderam com uma enciclopédia. Porque o lema dessa pessoa parece ser: "Cada homem é seu próprio Boswell"[17], investigando suas próprias dores.

A mulher que julga os filhos, fala de seus problemas particulares com os empregados de sua casa e das dificuldades pessoais com os membros da família, ou seja, sempre escolhe como tema de conversa os próprios sofrimentos, faz a mesma coisa. Se ela tem um filho querido e inocente que recita: "O toque de recolher não deve tocar esta noite"[18], não seria mais sensato se ela agisse com calma e discrição em vez de manifestar tristeza diante dele?

O homem de negócios que deixa a gastrite interferir em sua disposição e faz sofrer seus funcionários está descontando neles sua doença. Não temos o direito de transformar o outro em vítima de nosso humor. Se a doença nos irrita, é injusto culpar trabalhadores que não podem protestar. Melhor nos isolarmos para que não contagiemos os demais. Vamos nos

---

[17] James Boswell, biógrafo e jurista escocês. Ele é conhecido pela biografia que fez do escritor inglês Samuel Johnson, seu contemporâneo e amigo. A obra é considerada a maior biografia já escrita em língua inglesa. (N.T.)

[18] "Curfew Shall Not Ring Tonight", ou O toque de recolher não deve tocar esta noite, é um poema de Rose Hartwick Thorpe, escrito em 1867, quando ela tinha 16 anos, e publicado pela primeira vez no *Detroit Commercial Advertiser*. O poema conta a história de Bessie, uma jovem cujo amante, Basil Underwood, foi preso pelos puritanos e sentenciado à morte. Sua execução se daria com o badalar do sino que anunciava o toque de recolher. Arriscando a própria vida, a jovem subiu ao topo da torre do sino para manualmente impedir que tocasse. A comoção em torno de seu ato levou ao perdão para Underwood. (N.T.)

obrigar a falar vagarosamente, mantendo a raiva distante do olhar e sem demonstrá-la no tom de voz. Se sentirmos que estamos prestes a ter uma dispepsia ou gastrite, tentemos pensar em outro assunto.

A maior parte das pessoas gosta demais de si mesma. Enxerga-se como única, isolada do contexto. Estuda-se demasiadamente como se estivesse separada do restante da humanidade, em vez de vitalmente conectada a seus companheiros de jornada. Há os que se rendem à tristeza, enquanto outros dão lugar à extravagância. Existe um orgulho vaidoso embasado na tristeza bem como na beleza. Muitos têm uma estranha visão de vaidade ao avaliar o passado e ver que poucos sofreram tamanhos desafios e decepções quanto os que os acometeram.

Quando a morte chega ao pequeno círculo de entes queridos que formam nosso mundo, toda a vida se escurece. Parece não haver motivo para existirmos, objetivo algum, incentivo válido, ou esperança. O amor que nos fazia lutar e tornava todo esforço suportável se foi. Ficamos olhando, com olhos vidrados, para o futuro, mas já não vemos nenhum porvir. A vida se transformou em passado... sem futuro. Apenas lembrando sem esperança.

Então se processa o divino mistério da natureza sob o toque suave e terno do tempo. Os dias se transformam em semanas, e aos poucos começamos a abrir os olhos para o mundo ao nosso redor. Até que os sons e o tumulto da vida pouco nos afetem. Tornamo-nos emocionalmente convalescentes. À medida que os dias passam, em nosso profundo amor e na plenitude de nossa lealdade, com lágrimas nos olhos, protestamos contra o regresso gradual ao espírito e à atmosfera dos dias do passado. Sentimos nova dor de certa forma, como se estivéssemos sendo desleais com a pessoa querida. A natureza gentilmente ignora nossos protestos, dizendo: "Não há deslealdade em permitir que a dor das feridas seja atenuada e cicatrizem gradualmente". Há algumas naturezas que estão absorvidas por um amor tão poderoso que não conseguem se curar, mas estas são almas raras.

Por mais dolorosa que seja nossa angústia, não temos o direito de impor ao outro nosso sofrimento. Não podemos lançar tristeza sobre naturezas felizes por causa do peso da nossa farda usando a veste de luta prescrita pela sociedade, como se o luto real coubesse em um uniforme. Não temos o direito de sinalizar nossa dor repassando-a em papel de carta com uma pesada borda preta, tão larga como uma fita de chapéu, desfilando o nosso pesar pessoal aos outros, que podem estar em momentos mais felizes.

Se a vida não nos correu bem, se a sorte nos faltou ou se o amor enfraqueceu e nos sentamos sozinhos junto às brasas; se a existência se transformou para nós em um vale de desolação por onde os membros cansados devem arrastar um corpo relutante até que o fim chegue… nem por isso precisamos irradiar essa atmosfera sombria aos que nos rodeiam. Não levemos estranhos às catacumbas de nossa vida, mostrando-lhes os ossos de nosso passado destruído. Não ofereça aos outros nossa xícara de mazelas, mas, se vamos dela beber, que o façamos como Sócrates quando obrigado a beber cicuta[19]: com grandeza, heroicamente, sem se queixar.

Se sua vida o fez duvidar da existência da honra e da virtude; caso sinta que religião é fingimento, que espiritualidade é farsa, vida é fracasso e morte entrada para o nada; se você absorveu toda a filosofia venenosa dos pessimistas do mundo e cometeu a loucura de acreditar nela... não contamine os outros.

Se o seu companheiro se agarrar a uma frágil crença, o último resquício de uma nobre fé em Deus e na humanidade naufragada, deixe-o guardá-la. Não solte os dedos de sua esperança dizendo-lhe que é ilusão. Como saber? Quem pode lhe garantir?

Se uns breves momentos varrem sua fé na Onipotência para o nada, se o amigo em quem depositou toda a fé na humanidade e em Deus o trair, não aceite avidamente os ensinamentos daqueles pensadores modernos que tentam obter sua atenção em troca de nada. Busque recuperar sua fé perdida ouvindo os milhares de vozes que falam da infinita sabedoria e do amor manifestados na natureza e na humanidade. E então reconstrua, tão rapidamente quanto possível, uma nova fé, de alguma forma mais elevada, melhor e mais verdadeira do aquela que você tinha antes.

---

[19] Sócrates, o filósofo, foi acusado de "não reconhecer os deuses do Estado, introduzir novas divindades e corromper a juventude". Em 399 a.C., recebeu o cálice contendo cicuta, o veneno utilizado para sua execução. Com dignidade, bebeu o conteúdo e, poucos minutos depois, morreu. (N.T.)

A CHAVE DO AUTOCONTROLE

Você deve ter *alguém* no mundo para quem poderá demonstrar com absoluta confiança qualquer pensamento, esperança ou tristeza, mas não pode agir assim com todos. Não mostre ao universo sua câmara do Barba Azul[20]. Mantenha suas provações e tristezas o mais próximo possível de si até as ter dominado. Não enfraqueça os outros, divulgando-as aos quatro ventos. Guarde-as em segurança até que as tenha decifrado e compreendido, calmamente.

---

[20] *La Barbe Bleue* ou *A história de Barba Azul* é um conto de fadas. Conta a história de um marido assassino chamado Barba Azul e de uma câmara fechada com os corpos de suas esposas anteriores. Traduzida do francês para o inglês, a edição que serviu de base para esta nota data de cerca de 1810. (N.T.)

AS REVELAÇÕES DO PODER DE RESERVA

Todo indivíduo é uma maravilha do desconhecido e de possibilidades ainda não realizadas. Nove décimos de um iceberg está o tempo todo debaixo d'água. Nove décimos de possibilidades do bem e do mal do indivíduo estão sempre escondidos de sua vista.

O verso de Robert Burns "Oh, se algum Poder nos concedesse vermo-nos a nós como nos veem!"[21] é insatisfatório. A resposta mostraria quem os outros pensam que somos, não quem realmente somos. Devemos, ao contrário, enxergar a nós mesmos de modo verdadeiro, embora ninguém possa de fato encarar a imagem radiante das forças latentes dentro de si porque estão encobertas pelas fraquezas da vida que experienciamos. Se tudo fosse revelado, o ser humano cairia cego e prostrado, como

---

[21] Verso do poema "To a Louse", A um piolho, de Robert Burns, 1786. Sentado na igreja atrás de uma fina senhora, o narrador observa as peripécias de um piolho no chapéu dela. Tenta admoestar o parasita, que obviamente não percebe a importância de seu "hospedeiro", mas depois considera que, para um piolho, somos todos presas iguais. (N.T.)

Moisés diante da sarsa ardente[22]. O homem não é uma caixa de música animada pelo Criador e programada para tocar um número limitado de canções. Ele é uma harpa com possibilidades infinitas e muitas músicas a serem inventadas.

As revelações ainda não dadas a conhecer pela natureza estão guardadas como reserva de poder. É seu método para atender a emergências. Inteligente e econômica, a natureza poupa energia e esforços, fornecendo apenas o absolutamente necessário para a vida. Quando surge nova necessidade, usa a reserva de poder.

Na vida animal, a natureza revela esse aspecto em milhares de fases. Os animais colocados na escuridão da Caverna do Mamute[23] têm gradualmente o sentido da visão enfraquecido, mas os sentidos do olfato, tato e postura são intensificados. A natureza vigia todos os animais fazendo suas cores se harmonizarem aos tons dos arredores para protegê-los dos inimigos. Animais do Ártico, que no verão habitam regiões livres da neve, tornam-se brancos quando chega o inverno. No deserto, o leão, o camelo e os antílopes têm a cor aproximada da areia

---

[22] Alusão à passagem da Bíblia, livro do Êxodo (3:1-4:17). Segundo a narrativa, um arbusto estava ardendo em chamas, mas não era por elas consumido. Nesse local, Moisés foi convocado por Deus a liderar os israelitas para fora do Egito em direção a Canaã. (N.T.)

[23] O Parque Nacional de Mammoth Cave (Mammoth Cave National Park), situado no estado de Kentucky, Estados Unidos, é famoso por abrigar grande parte da mais extensa rede conhecida de cavernas, grutas e túneis naturais do mundo, o *Mammoth Cave System*, com 591 quilômetros explorados. Estabelecido em 1941, o parque tem cerca de 200 espécies de fauna e 1.300 de flora, das quais muitas estão adaptadas à escuridão cavernícola. (N.T.)

A CHAVE DO AUTOCONTROLE

e das pedras onde vivem. Em florestas tropicais, os papagaios normalmente são verdes; e a plumagem dos turacos, barbaças e abelharucos[24] é predominantemente verde. As cores se alteram de geração em geração conforme os hábitos dos animais. A natureza, mediante sua reserva de poder, sempre alia uma nova necessidade do animal a uma nova força, uma renovada harmonia a uma inovadora condição.

Há cerca de quarenta e cinco anos, três casais de coelhos foram colocados na Austrália. Atualmente, o crescimento desses seis imigrantes pode ser estimado em milhões. Tornaram-se a peste do país. Verdadeiras fortunas foram gastas para exterminá-los. Cercas de arame altas e longas foram construídas para conter os invasores. Os coelhos tiveram de lutar bravamente para sobreviver, mas conseguiram enganar o homem. Desenvolveram novas garras, mais longas e capazes de sustentá-los enquanto escalavam as cercas. Essas mesmas garras lhes permitem também cavar profundamente por debaixo das redes para adentrar os campos que lhes proveem comida e vida. Eles não riem do homem. A reserva de poder ativou-lhes possibilidades latentes porque eles não podiam simplesmente aceitar sua condição. Em sua luta pela vida, aprenderam *como* viver.

Na vida vegetal, a natureza está constantemente revelando sua reserva de poder. As possibilidades de cores quase infinitas estão presentes em cada planta verde, raiz e caule. Bastam

---

[24] Turacos, barbaças e abelharucos são pássaros. (N.T.)

condições apropriadas para que se revelem. Se o homem observar as leis da natureza, poderá tornar as folhas tão belamente coloridas quanto as flores. A rosa selvagem tem uma única corola[25], mas, quando cultivada em solo fértil, os numerosos estames amarelos se transformam nas folhas vermelhas brilhantes da rosa adulta. Esse é um dos milagres da reserva de poder. A banana um dia foi um lírio tropical. O pêssego, uma amêndoa amarga. Para contar toda a história da reserva de poder da natureza, seria preciso escrever a história do universo, em milhares de volumes.

A natureza acredita em "motores duplos". O homem está equipado com quase todos os órgãos em duplicidade: olhos, ouvidos, pulmões, braços e pernas. De tal modo que, se um falhar, seu par, mediante a reserva de poder, será estimulado a trabalhar pelos dois. Mesmo quando o órgão em si não está duplicado, como no caso do nariz, há uma divisão em partes para que haja reserva constante. E para garantir proteção extra, a natureza provê a cada parte do corpo um substituto em formação que estará pronto em caso de crise, como o sentido do tato para os cegos.

Os pássaros bastante amedrontados estufam as penas; o cão, ao sair da água, sacode os pelos para que sequem; assustado, o porco-espinho lança os espinhos para se defender. Produzidas pelos músculos da pele, no homem, no entanto, essas ações são

---

[25] Corola é o verticilo das flores composto das pétalas em volta dos estames e do pistilo. Do latim *corōlla*. (N.T.)

rudimentares e não controladas por ele em condições normais. Mas, em situações de medo terrível, a reserva de poder acelera suas ações em poucos segundos, fazendo os cabelos da nuca se arrepiarem na intensidade do susto.

A natureza que cuida com ternura das necessidades físicas do homem é igualmente previdente em lhe prover reserva mental e moral. O homem pode falhar em doze diferentes linhas de atividades e então suceder brilhantemente em uma ação da qual nem sabia que tinha habilidade. Nunca devemos descansar satisfeitos com o que somos e dizer: "Não há motivos para tentar. Nunca conseguirei ser grande. Não sou nem mesmo esperto". A reserva de poder fica ao nosso lado, como uma fada-madrinha a dizer: "Há um encanto capaz de fazer você transmutar a monotonia de sua condição atual em ouro puro de força e poder. Essa magia fará você dar sempre o melhor de si, de maneira mais ousada. A medida completa da sua realização final nunca pode ser dita com antecedência. Conte comigo para ajudá-lo com novas revelações de força em

> **"... os maiores e melhores homens do mundo fracassaram em algum momento, antes de a derrota ser coroada com sucesso."**

suas emergências. Nunca desanime, achando que seu poder é insignificante ou seu progresso lento. Os maiores e melhores homens do mundo fracassaram em algum momento, antes de a derrota ser coroada com sucesso".

Na mitologia nórdica há a crença de que a força de um inimigo morto fica incorporada em nós. Isso é verdadeiro no que diz respeito ao caráter. Quando conquistamos uma paixão, um pensamento, um sentimento, um desejo, quando nos elevamos acima de algum impulso, a força dessa vitória, por mais insignificante que seja, é armazenada pela natureza como reserva de poder para vir até nós na hora da necessidade.

Se colocarmos diante de qualquer um o mapa de seu futuro, seus desafios, pesares, fracassos, aflições, perdas, doenças e solidão, e perguntarmos se ele poderá suportar tudo isso, certamente ouviremos: "Não! Certamente não serei capaz de aguentar tanta coisa!". Mas ele *poderá* e *suportará*. As esperanças sobre as quais ele apostou todo o seu futuro não se concretizam, os amigos em quem confiou o traem, o mundo se torna frio para ele, o filho cujo sorriso era a luz da sua vida desonra seu nome, a morte lhe rouba a amada esposa. A reserva de poder esteve observando-o, pronta para renovar-lhe as forças até mesmo enquanto ele dormia.

Se estivermos conscientes de alguma fraqueza e desejo de conquista, poderemos nos forçar a uma posição em que devemos agir para assim nos fortalecermos, queimar as pontes atrás de nós, e lutar como espartanos até que a vitória seja nossa.

A CHAVE DO AUTOCONTROLE

A reserva de poder é como o maná dado às crianças de Israel no deserto: apenas o suficiente para um dia. Todo dia, um novo suprimento de força. Na torre inclinada de Pisa, há uma escada em espiral tão íngreme que apenas um passo de cada vez nos é revelado. Mas cada degrau permite a visibilidade do seguinte, passo a passo até o ponto mais alto. Assim ocorre na economia divina do universo. A reserva de poder é uma revelação de força constante e gradual que nos permite conhecer toda nova necessidade. Não importa qual será nossa linha de vida, nossa demanda, devemos sentir dentro de nós uma força infinita e ainda não acessada. Possivelmente, se acreditarmos e fizermos o melhor, o anjo da reserva de poder caminhará ao nosso lado e até mesmo dividirá as águas do Mar Vermelho de nossas tristezas e provações, abrindo caminho para que possamos seguir em segurança.

Bibliografia

A chave do autocontrole foi escrito por William George Jordan e publicado pela primeira vez em 1898.

William George Jordan (1864-1928) nasceu na cidade de Nova Iorque em 6 de março de 1864. Formou-se no City College of New York e começou sua carreira literária como editor do *Book Chat* em 1884. Mais tarde passou a editor do *Current Literature*, de onde saiu para se dedicar à atividade de palestrante. Em 1897 passou a editor executivo do *The Ladies Home Journal,* depois do qual editou *The Saturday Evening Post* (1888-1889). De 1899 a 1905 assumiu a edição e vice-presidência da Continental Publishing Co. Foi também editor da publicação *Search-Light* entre 1905 e 1906.

Em 1907 publicou o panfleto intitulado "*A câmara dos governadores; uma nova ideia na política americana visando*

WILLIAM GEORGE JORDAN

promover uma legislação uniforme sobre questões vitais para assegurar os direitos dos estados, reduzir a centralização, garantir a voz mais plena e livre do povo e tornar a nação mais forte".

Esse panfleto foi encaminhado para os governadores de estado e então chegou ao presidente dos Estados Unidos, Theodore Roosevelt. O conceito foi bem recebido, e a primeira reunião dos governadores foi em Washington, de 18 a 20 de janeiro de 1910. Senhor Jordan foi eleito secretário na primeira reunião e destituído em setembro de 1911. Entretanto, o grupo se tornou parte de seu legado e exerceu importante papel em sua formação. Jordan tornou-se referência e foi citado diversas vezes na imprensa.

William se casou com Nellie Blanche Mitchell no dia 6 de maio de 1922, na igreja Grace Episcopal, em Nova Iorque.

Faleceu de pneumonia no dia 20 de abril de 1928 em sua casa em Nova Iorque.

Segue carta escrita aos editores da Improvement Era em maio de 1908, por Hon J. A. Hendrickson do Logan, UT. Concordo plenamente com seus comentários.

Não posso deixar de expressar minha satisfação pelo anúncio na ERA, em maio, de que tencionam publicar, a partir da edição de junho, o conteúdo dos livros de William George Jordan. Felicito-o por ter recebido esta cortesia do Senhor Jordan, e pela decisão de proporcionar a seus leitores o conteúdo desses volumes.

Eles valem seu peso em ouro. Todos os assuntos tratados, embora de maneira breve, são aplicáveis à vida cotidiana de todo homem, e ninguém pode lê-los sem receber encorajamento, força de propósito e determinação. Cada linha é uma riqueza. A meu ver, estes dois livros estão entre os melhores oferecidos ao público. É um prazer lê-los com frequência, e a toda vez recebo mais força e sinto que devo agradecer ao Sr. Jordan as suas reflexões.

Rod Mann

Excerto da obra

William George Jordan discorre de maneira tão contemporânea sobre os dilemas do autocontrole que até nos faz esquecer de que escreveu esta obra no século XIX. Sim, caro leitor, os conflitos que nos perturbam afligem a humanidade há muito tempo. A visão sábia, pragmática e positiva de Jordan mostra o poder do pensamento positivo, da força de vontade, da fé e do treino mental na construção de uma realidade poderosa cujo despertar depende apenas de cada um de nós.